Sun Tzu e Mao Zedong: Dois estrategas chineses.

Introdução

Após algum tempo de reflexão e maturação de ideias, decidimos estudar e comparar as perspectivas estratégicas de dois estrategas chineses, Sun Tzu e Mao Zedong.

Ao longo deste trabalho iremos explorar as concepções estratégicas de Sun Tzu e de Mao Zedong, e debatê-las.

O corpo principal deste livro será constituído por seis capítulos, para além de uma introdução, algumas considerações metodológicas, de uma conclusão e da bibliografia utilizada. No primeiro capítulo, iremos tecer algumas notas biográficas sobre Sun Tzu, sendo que seguidamente, no segundo capítulo, tentaremos enquadrar o pensamento de Sun Tzu na corrente mais vasta do pensamento clássico chinês, analisando, ainda que de forma resumida, teorias e conceitos de T'ai Kung, Confúcio e outros textos clássicos. O terceiro capítulo foca-se sobre Sun Tzu e a sua obra *A Arte da Guerra*. De seguida, passaremos a Mao Zedong, começando por fazer, tal como para Sun Tzu, algumas notas biográficas. No quinto capítulo, iremos analisar o pensamento estratégico de Mao Zedong, terminando no capítulo sexto, com uma análise da influência de Sun Tzu nas ideias de Mao.

Algumas considerações metodológicas.

Antes de começarmos a aprofundar a temática, gostaríamos de fazer algumas considerações metodológicas. Todas as citações que usarmos ao longo deste opúsculo, serão convenientemente assinaladas, em itálico e inseridas entre aspas, e todas as ideias inspiradas noutros autores serão alvo da respectiva nota bibliográfica, inserida em rodapé. Para além disto, encontra-se na secção de bibliografia, uma lista exaustiva das obras consultadas, mesmo que não citadas ou referidas no corpo deste livro.

Todas as traduções de citações são da nossa autoria. Ao longo deste opúsculo procuraremos alcançar uma visão global sobre as concepções de Sun Tzu e Mao Zedong, visto que, no caso deste último, o seu pensamento encontra-se disperso por uma miríade de obras.

No que refere a Sun Tzu, que tem o seu pensamento expresso na basilar obra *A Arte da Guerra*, utilizaremos para análise, além de publicações várias de autores portugueses e estrangeiros, três edições da sua obra: a de Giles de 1910, que durante décadas foi a tradução de referência e que continua a ser um importante instrumento de trabalho; a da Europa-América de 2002, comentada por vários pensadores chineses dos séculos III e XI e a da Frenesi de 2003, sendo que esta edição incorpora os fragmentos dos cinco capítulos perdidos descobertos em Shantung. Para análise do pensamento de Mao Tse-Tung, para além de obras de autores nacionais e estrangeiros, usaremos a primeira edição inglesa de *Quotations from Chairman Mao Tse-Tung*, de 1966 e a edição portuguesa, de 1976, do livro *Problemas Estratégicos da Guerra Revolucionária na China e da Guerra de Guerrilhas Contra o Japão*.

Capítulo I

Notas biográficas sobre Sun Tzu.

Mesmo antes de o termo estratégia se tornar usual, houve políticos e militares que se revelaram verdadeiros estrategas no sentido moderno, clausewitziano, do conceito de estratégia. Em primeiro lugar, surge Sun Tzu, nome pelo qual se identifica um pensador chinês, que se admite ter vivido no século V a.C.[1]

Os primeiros anais da história da China, que foram terminados em 91 a.C. identificam-no como tendo de facto nascido em Wu, no estado de Chi, tendo sido ainda contemporâneo de Confúcio no final do Período da Primavera e do Outono (722-481 a.C.)[2]

Na China dessa época, diversos filósofos, pensadores e professores circulavam entre os diversos Estados, vendendo os seus serviços e conselhos. Sun de Wu, que se acredita ter vivido entre 544 e 496 a.C., tendo ficado conhecido para a posteridade como Sun Tzu, que significa *Mestre Sun*, distinguiu-se como *estratega*, no sentido lato da palavra, ao serviço do rei Ho-lu de Wu, a ele se devendo sucessos como o da campanha contra o estado de Chu. Acredita-se que o texto de *A Arte da Guerra*, só deverá ter sido elaborado após a morte do autor, num período em a guerra começa a tornar-se na China, assunto para profissionais. Parece que estaremos pois, perante um relato por terceiros do pensamento de Sun Tzu. Alguns historiadores chineses contestam mesmo que Sun Tzu tenha alguma vez existido, sendo *A* Arte *da Guerra*, um compêndio de algum estratega desconhecido, ou obra de sofistas contestatários. Outros apontam uma data posterior ao ano 500 a.C. O tratamento que lhe é feito de Sun Tzu-*Mestre Sun*, indica que o texto possa ter sido compilado por terceiros, pessoas que pareciam tê-lo em alta estima, como costuma ser o caso dos discípulos. Teria *A Arte da Guerra* sido compilada por um discípulo de Sun de Wu?

---

[1] Pedro de Pezarat Correia, *Manual de Geopolítica e Geoestratégia-vol.I Conceitos, Teorias e Doutrinas*, Coimbra, Quarteto Editora, 2002, p.20.
[2] Sun Tzu, *A arte da guerra,* trad. port. de Jorge Pires, 3ª ed., Lisboa, Frenesi, 2003, p.87.

Jorge Pires, tradutor e autor do posfácio da versão de *A Arte da Guerra* editada pela Frenesi, considera que *"existem razões para supor que o percurso da obra seja bem mais sinuoso."*[3]

O tratado de Sun de Wu teve de sobreviver à Queima dos Livros, ordenada pela corte Chin em 213 a.C., e que visava queimar toda a literatura representativa das escolas filosóficas, e em particular da escola de Confúcio; às vicissitudes da transmissão oral. O texto terá sido também copiado, organizado e reeditado por diversas gerações de estudantes.

O autor de *A Arte da Guerra* viveu num tempo em que imensos exércitos eram eficazmente organizados, bem preparados e comandados por generais de carreira. Os exércitos de que fala Sun Tzu, compunham-se de elementos tácticos capazes de manobras independentes e coordenadas, reagindo a ordens transmitidas por meio de sinetas, gongos, bandeiras e flâmulas. A guerra na altura em que Sun Tzu escreveu, era já coisa séria: o último recurso depois de tudo ter falhado.[4]

A sociedade chinesa era regida por um sistema legal cruel, em que vários milhares de crimes eram punidos com a morte ou a mutilação. Castração, ferreteação, corte do nariz, amputação dos dedos dos pés ou dos próprios pés, corte dos tendões das pernas e fractura das rótulas eram frequentemente aplicados. O ambiente político era propício à prática dos talentos de peritos em várias especialidades, e em particular dos estrategas de profissão. A guerra, então já vista como ocupação fundamental, não tinha qualquer tipo de adesão aos códigos morais alegadamente praticados nos reinados anteriores. A diplomacia baseava-se no suborno, na fraude e no ludíbrio, a espionagem e a intriga floresciam e os procedimentos traiçoeiros eram encarados com normalidade pelos generais, que não se coibiam de romper alianças e pelos ministros, facilmente corrompíveis.[5]

---

[3] Sun Tzu, *A arte da guerra,* trad. port. de Jorge Pires, 3ª ed., Lisboa, Frenesi, 2003, p.88.
[4] Sun Tzu, *A arte da guerra*, trad. port. de Ricardo Iglésias, 4ª ed., Mem Martins, Publicações Europa-América, 2002 , p.18.
[5] Sun Tzu, *A arte da guerra*, trad. port. de Ricardo Iglésias, 4ª ed., Mem Martins, Publicações Europa-América, 2002, p.23.

Apesar de tudo isto, chegaram até nós os tão famosos treze capítulos. Até há pouco tempo, o texto de referência, era uma edição datada da dinastia Sung (960-1279), que serviu de base a todas as traduções posteriores, sendo a de referência a de Lionel Giles, em inglês, publicada em 1910.A primeira edição numa língua europeia, tinha sido a do padre Amiot, missionário jesuíta, publicada em Paris em 1772.

Mas, em 1972, durante prospecções arqueológicas na província de Shantung, foi descoberto um exemplar da obra, que, para além dos treze capítulos clássicos (aumentados em relação à versão conhecida), continha ainda fragmentos de cinco outros capítulos, perdidos posteriormente. Estudos indicam que esta versão será cerca de mil anos mais antiga do que a da dinastia Sung.[6]

Só em 1993, foram publicadas duas novas traduções inglesas, que incorporam estas descobertas.[7]

Foi enorme a influência de *A Arte da Guerra* na história da China e na mentalidade militar japonesa, desde a sua introdução no Japão em meados do século VIII. [8]

Na China, até cerca de 500 a.C., as guerras assumiam um carácter quase ritual, sendo efectuadas campanhas sazonais, que obedeciam a um conjunto de regras pré-estabelecidas. Estavam proibidas as campanhas durante as épocas das sementeiras e das colheitas, enquanto no Inverno, os camponeses semi-hibernavam nas suas cabanas, sendo o frio demasiado para se combater. No Verão, pelo contrário, era quente demais. A guerra era também interrompida no período de luto que se seguia à morte de um senhor feudal. Em combate, não era correcto bater em homens velhos ou em quem já estivesse ferido. Os bons governantes não massacravam cidades, não faziam emboscadas, nem levavam a guerra para além da época própria.[9]

---

[6] Sun Tzu, *A arte da guerra,* trad. port. de Jorge Pires, 3ª ed., Lisboa, Frenesi, 2003, p.p., 88, 89.
[7] Sun Tzu, *A arte da guerra,* trad. port. de Jorge Pires, 3ª ed., Lisboa, Frenesi, 2003, p.89.
[8] Sun Tzu, *A arte da guerra*, trad. port. de Ricardo Iglésias, 4ª ed., Mem Martins, Publicações Europa-América, 2002, p.140.
[9] Sun Tzu, *A arte da guerra*, trad. port. de Ricardo Iglésias, 4ª ed., Mem Martins, Publicações Europa-América, 2002, p.28.

Na época em que se acredita que Sun Tzu viveu as coisas modificaram-se muito neste campo, pois os exércitos começaram a ser permanentes e entregues a profissionais, quer fossem estrategistas que a estudavam teoricamente, e que exerciam as suas artes junto dos reinos chineses; estrategas que usavam os seus conhecimentos à frente dos exércitos ou mercenários que combatiam a troco de dinheiro. A guerra, agora entregue a especialistas, passou a ser feita em qualquer altura do ano e perdeu o seu carácter ritual, desencadeando-se violentas guerras sem quartel, que se prolongavam no tempo e que provocavam inúmeras vítimas, para além de um rasto de destruição e miséria. Os exércitos aumentaram enormemente em efectivos, utilizando milhares de infantes e carros de guerra. Os arcos e bestas, também representavam um elevado poder de atrito sobre os inimigos, e o avanço deixou de ser feito ao acaso e desordenadamente, mas coordenado pela táctica e pelo uso de meios de comunicação, como bandeiras, estandartes, gongos, tambores e sinais de fogo. Foi neste cenário de guerra violenta e costumeira que Sun Tzu elabora as suas teses, desejando um novo tipo de guerra, mais humana, em que não houvesse tantos mortos e destruição, que no fundo não beneficiava ninguém, na opinião de Sun Tzu, daí a vitória sem combater e sem mortes aparecer como o cúmulo da habilidade estratégica em *A Arte da Guerra*.

Capítulo II

O pensamento de Sun Tzu no seio do pensamento clássico chinês.

Houve para além de Sun Tzu, outros pensadores chineses que pensaram em maior ou menor escala a estratégia e a sua problemática. Entre alguns pensadores desta matéria podemos apontar Wu Ch'i ou Wu Tzu, T'ai Kung, Confúcio e Lao Tzé, sendo que outros ainda são menos conhecidos em Portugal.

Lao Tzé na sua conhecida obra, *Tao Te Ching* exalta as virtudes do líder prudente e critica a violência do confronto directo. Para Lao Tzé, os resultados desejados não devem ser obtidos através da violência, pois a guerra causa grandes destruições e as armas são instrumentos de medo, que não devem ser privilegiadas pelos sábios. Isto vai ao encontro das teses de Sun Tzu, de vencer sem combater.[10]

De igual modo, Lao Tzé considera que os actos de um guerreiro não devem emanar nem de raiva niilista, nem do desejo de matar, e que quem vence não deve ser vingativo. O homem valente que é apaixonado, será morto ou matará, mas o homem que for valente e quieto, poderá preservar a sua vida e a vida de outros.[11]

Também Confúcio exalta as virtudes do homem superior, que cultiva a harmonia, sem ser fraco. Ressalta também em Confúcio a obtenção de vitórias ou objectivos sem recurso à força armada, tal como em Lao Tzé.[12]

Wu Ch'i, estudioso das *artes da guerra* e general, representa já um novo tipo de pensador, profundamente realista, até mesmo maquiavélico. Nascido e criado no Estado de Wei, ofereceu os seus serviços ao soberano de Lu, como comandante do exército. Para apagar dúvidas sobre a sua lealdade, assassinou a sua mulher, por ser originária de Wei. Pouco tempo depois, jovens oficiais de Lu invejosos, levantaram contra ele falsas acusações. Wu Ch'i conseguiu a morte de alguns deles, fugindo depois para Wei, e

---

[10] Lao Tzé, *O Tao Te Ching*, trad, de Stan Rosenthal, Ver
http://www.human.toyogakuen-u.ac.jp/~acmuller/contao/laotzu.htm
[11] Lao Tzé, *O Tao Te Ching*, trad, de Stan Rosenthal, Ver
http://www.human.toyogakuen-u.ac.jp/~acmuller/contao/laotzu.htm
[12]   Confúcio,   *The   Doctrine   of   the   Mean*,   Ver
http://classics.mit.edu/Confucius/docmean.htm

pondo-se à disposição do primeiro-ministro, que o descrevia como cobiçoso e debochado, mas bom general, apesar de muito severo. Aceite em Wei, foi nomeado protector do Rio Oeste. Mais tarde, deixou Wei, tendo-lhe o rei Tao de Ch'u dado emprego e nomeado primeiro-ministro em 384 a.C. Wu Ch'i reorganizou e modernizou a administração, criando entretanto numerosos inimigos, e assim, após o assassínio do rei Tao em 381 a.C., foi executado.[13]

Wu Ch'i considerava mais importantes para a defesa de um Estado as virtudes do seu governante do que as características geográficas e as defesas que estas pudessem proporcionar.

Wu Ch'i é considerado autor de uma obra com o mesmo título da obra de Sun Tzu, *A Arte da Guerra*. Nesta obra, em que dialoga com o marquês Wu, de Wei, Wu Ch'i destaca a importância dos assuntos militares para a sobrevivência dos Estados, devendo os governantes promover na capital a cultura e as virtudes, mas no campo a defesa. Wu Ch'i destaca a rectidão como forma de conduzir os assuntos e o planeamento como forma de se evitar o prejuízo e obter vantagens. Era igualmente necessário em sua opinião, governar com rectidão o povo, e conhecê-lo, incutindo-lhe o sentimento da honra. Wu Ch'i contempla cinco motivos que conduzem à guerra: a busca de fama; a luta por vantagens; a acumulação de animosidade; a desordem interna e a fome e definiu cinco categorias de guerras: a guerra correcta, feita para acabar com a violência e abafar a desordem; a guerra de agressão, que depende da violência; a guerra furiosa, desencadeadas quando os governantes estão em fúria; a guerra dissoluta, em que toda a propriedade é tomada por ambição e a guerra de insurreição, provocada por levantamentos e agitação entre as gentes. Wu Ch'i definiu formas de lidar com cada uma destas categorias de guerras: uma guerra correcta remedeia-se com governos correctos; uma guerra de agressão, humilhando-se; uma guerra furiosa, dialogando-se; a guerra dissoluta, pelo engano e pela traição e uma guerra de insurreição, pela autoridade. Wu Ch'i declarou que empregando-se os que são válidos em altos lugares e os que não são válidos em lugares baixos, a força já estará firme, sendo as defesas fortes se o povo se sentir seguro nas suas casas e campos e

---

[13] Sun Tzu, *A arte da guerra*, trad. port. de Ricardo Iglésias, 4ª ed., Mem Martins, Publicações Europa-América, 2002, p.p., 23, 24.

em bom entendimento com os magistrados, e as batalhas vencidas se os clãs estiverem de acordo com o soberano.[14]

Wu Ch'i defendia igualmente o estímulo dos oficiais valentes, através de honrarias, estimulando-os com prémios e impressionando-os com punições. Wu Ch'i estabeleceu também na sua *A Arte da Guerra* o conhecido princípio avançar quando houver oportunidade, retirar em caso de dificuldade, e algumas situações propícias e prejudiciais a um ataque. Wu Ch'i consagrou a disciplina como condição fundamental para a obtenção de vitórias, pois um exército indisciplinado não vence, mesmo que seja numeroso, e aconselhou a instrução dos soldados para a guerra, destacando a importância das comunicações no comando das tropas.

Os generais não foram esquecidos, devendo o comandante de um exército ser alguém que abrange toda a subtileza civil e militar, pois a união do poder de resolução com o de adaptação, constitui o saber da guerra. Wu Ch'i descreveu ainda as características desejáveis nos generais, e a importância na guerra do conhecimento dos generais inimigos. [15]

Ele, respondendo ao marquês de Wei, vai indicar a solução para um certo número de situações militares específicas em que as condições se alteram.

Este pensador considerou ainda que em relação aos oficiais, os castigos severos e as recompensas generosas têm de ser apoiados por outros elementos, como as visitas aos familiares dos mortos em combate, o bom equipamento do exército, a mobilização das populações e o encorajamento pelo soberano dos meritórios e dos merecedores. [16]

Wu Ch'i é muito menos conhecido em Portugal, e muito menos estudado no Ocidente do que Sun Tzu, apesar de ter uma obra de relativa importância no domínio da estratégia.

T'ai Kung, também conhecido por Lu Wang ou Lu Shang, escreveu a importante obra *Os Seis Ensinamentos Secretos*, cujos

---

[14] Sun Tzu, *A arte da guerra*, trad. port. de Ricardo Iglésias, 4ª ed., Mem Martins, Publicações Europa-América, 2002 , p.p., 125 a 128.
[15] Sun Tzu, *A arte da guerra*, trad. port. de Ricardo Iglésias, 4ª ed., Mem Martins, Publicações Europa-América, 2002, p.p., 129 a 135.
[16] Sun Tzu, *A arte da guerra*, trad. port. de Ricardo Iglésias, 4ª ed., Mem Martins, Publicações Europa-América, 2002, p.138.

principais aspectos doutrinários, descreveremos mais à frente e foi o primeiro rei do Estado de Ch'i. T'ai Kung é tal como Wu Ch'i pouco conhecido e estudado no Ocidente, só recentemente traduzido para português pelas Edições Sílabo a partir das edições chinesa e americana dos *Sete Clássicos Militares da China Antiga*. Ao contrário de Sun Tzu, que parece querer uma vitória sem combate, T'ai Kung defende o uso na guerra de todos os recursos, (será o precursor da guerra total, clausewitziana?) ultrapassando a estratégia o âmbito da estratégia militar e procurando-se a vitória a qualquer preço, e através de quaisquer meios, até os amorais ou imorais. Tal como Sun Tzu, também T'ai Kung consagra ensinamentos relativos à estratégia subversiva. Tal como *A Arte da Guerra* de Wu Ch'i, *Os Seis Ensinamentos Secretos* revestem-se de um carácter de diálogo, entre T'ai Kung e os reis Wen e Wu do Estado de Chou. Estes reis utilizaram os ensinamentos de T'ai Kung contra um adversário maior e mais poderoso.[17]

Crê-se que T'ai Kung tenha vivido no século XI a.C. na transição da dinastia Shang para a dinastia Chou, antes de Sun Tzu, sendo a obra *Os Seis Ensinamentos Secretos*, compilada na sua versão definitiva por um estudioso não identificado cerca do século III a.C. Não podendo ser confirmado se o próprio T'ai Kung escreveu algo pelo seu próprio punho, como alguns estudiosos crêem, podemos estar perante a hipótese de o estudioso que escreveu a obra ter sido inspirado por Sun Tzu. Se pelo contrário, T'ai Kung deixou alguns escritos, terá sido ele e não Sun Tzu o precursor da estratégia total, da aproximação indirecta e da guerra subversiva.[18]

Tal como Sun Tzu, também T'ai Kung tem lugar na sua obra para estratégias que permitem vencer o inimigo sem que chegue a haver combate.[19]

Este pensador destacou a rectidão e a virtude como atributos necessários ao soberano, devendo este ajudar ao sucesso do povo, como um pai ajuda um filho. O soberano deveria igualmente ser

---

[17] T'ai Kung, *Os seis ensinamentos secretos*, trad.port., 1ª ed., Lisboa, Edições Sílabo, 2003, p.p., 11 a 19.
[18] T'ai Kung, *Os seis ensinamentos secretos*, trad.port., 1ª ed., Lisboa, Edições Sílabo, 2003, p.p., 21 a 23.
[19] T'ai Kung, *Os seis ensinamentos secretos*, trad.port., 1ª ed., Lisboa, Edições Sílabo, 2003, p.29.

cuidadoso e não rejeitar as opiniões dos seus conselheiros. T'ai Kung destacou a importância da agricultura, do comércio e da indústria para o fortalecimento do Estado, criando riqueza para ser distribuída pelo soberano, e as vantagens da conciliação na política externa. Para além disto, apelou à promoção dos valorosos, utilizando mecanismos de recompensa e de castigo. Em relação aos militares, ele elogiou a unidade de esforços e a importância dos ataques surpresa, utilizando o engano, estabelecendo que os generais deviam ser corajosos, sábios, benevolentes, honrados e leais e o modo de seleccionar e treinar os oficiais. Para a subversão, era necessário promover a infelicidade nos Estados inimigos, destacando ainda T'ai Kung a importância das alianças e a subtileza maravilhosa de vencer sem luta, sem que haja perdas.[20]

T'ai Kung elaborou detalhados planos para uma ofensiva que usasse meios não militares, quer fossem diplomáticos, económicos, psicológicos ou políticos, preconizando o uso dos subornos, da lisonja, ofertas de presentes, alianças secretas com ministros, apoios a oficiais dissolutos, etc. No campo do planeamento enunciou a importância do pormenor e do secretismo e estabeleceu uma estrutura de comando do exército, tendo o soberano como comandante supremo, sendo que em termos operacionais cada general deveria ter um corpo de setenta e dois ajudantes, incluindo entre outros, astrólogos, topógrafos, estrategistas, oficiais de abastecimento, oficiais de ligação e contabilistas. Tal como outros pensadores chineses da época, T'ai Kung diz que se deve avançar quando se vir fraqueza no inimigo e recuar quando o inimigo for forte e poderoso.[21]

O general inspira pavor executando os poderosos e torna-se iluminado recompensando os mais pequenos e poderá obter a vitória partilhando o calor e o frio, o esforço e o sofrimento, a fome e a abundância com os oficiais e simples soldados, pois assim as tropas avançarão prontamente. T'ai Kung dava igualmente muita importância ao secretismo, criando um sistema de varas secretas para

---

[20] T'ai Kung, *Os seis ensinamentos secretos*, trad.port., 1ª ed., Lisboa, Edições Sílabo, 2003,p.p., 39 a 55.
[21] T'ai Kung, *Os seis ensinamentos secretos*, trad.port., 1ª ed., Lisboa, Edições Sílabo, 2003, p.p., 57 a 74.

comunicação, cujo significado deveria ser conhecido apenas do soberano e do general e promovendo a utilização de cartas secretas.[22]

Muitos outros ensinamentos estratégicos encontram-se em *Os Seis Ensinamentos Secretos*, cuja leitura recomendamos, mas não iremos debruçar-nos mais sobre esta obra, por não ser tema deste opúsculo, embora julguemos pertinente este capítulo para mostrar a riqueza do pensamento clássico chinês em termos estratégicos.

---

[22] T'ai Kung, *Os seis ensinamentos secretos*, trad.port., 1ª ed., Lisboa, Edições Sílabo, 2003, p.p., 75 a 78.

Capítulo III

Sun Tzu e a *Arte da Guerra.*

Alguns pensadores apontam a Sun Tzu um modernismo precoce pela prevalência ainda actual de muitas das suas ideias.[23] Sun Tzu foi precursor do que hoje chamamos estratégia indirecta e da estratégia de dissuasão, bem como da geopolítica, no entender de Pierre Gallois. Este autor justifica a inclusão de Sun Tzu entre os precursores da geopolítica, pela importância que este atribuía à configuração geográfica dos teatros de guerra, à vantagem que o seu conhecimento e aproveitamento conferia aos chefes militares, como factor de sucesso.[24]

O pensamento de Sun Tzu teve grande influência sobre Liddell Hart, teórico da estratégia de aproximação indirecta, que se assumia como seu seguidor. Desenvolve então o conceito de estratégia indirecta prenunciado por Sun Tzu, quando este destacou o princípio de vencer sem combater, privilegiando outros meios de coacção que não a violência.

O General Loureiro dos Santos, no seu livro *Incursões no domínio da estratégia* enuncia alguns dos pensamentos que considera representativos da postura estratégica de Sun Tzu: *"Toda a guerra é baseada na decepção; quando capaz finge incapacidade, quando activo inactividade; quando perto, faz parecer que estás longe, quando longe que estás perto; oferece ao inimigo uma isca para o tentar, finge desordem e ataca-o; enfurece o seu general e confunde-o; o que é de suprema importância na guerra é atacar a estratégia do adversário, a seguir o melhor é romper as suas alianças, a seguir o melhor é atacar o seu exército. A pior política é atacar cidades. Os que forem hábeis na guerra subjugam o exército inimigo sem batalha. Conhece o inimigo e conhece-te a ti próprio, numa centena de batalhas nunca estás em perigo."*[25]

---

[23] Pedro de Pezarat Correia, *Manual de Geopolítica e Geoestratégia-vol.I Conceitos, Teorias e Doutrinas*, Coimbra, Quarteto Editora, 2002, p.21.
[24] Pedro de Pezarat Correia, *Manual de Geopolítica e Geoestratégia-vol.I Conceitos, Teorias e Doutrinas*, Coimbra, Quarteto Editora, 2002, p.112.
[25] Loureiro dos Santos, *Incursões no domínio da estratégia*, Lisboa, Fundação

O General Garcia Leandro considera Sun Tzu o precursor da guerra subversiva, um dos primeiros grandes teorizadores da guerra, que compreendeu o significado da estratégia indirecta e a importância da sua componente psicológica sobre as populações, o exército inimigo e o seu comandante.[26]

A concepção de Sun Tzu da guerra como fenómeno eminentemente político, leva-o a não conceber como fim da acção militar o aniquilamento do exército inimigo, a destruição das suas cidades e a devastação dos campos. Sun Tzu desenvolve em *A Arte da Guerra* um conjunto de regras que permitem opôr o fraco ao forte e evitar batalhas que envolvem grandes choques e elevado número de baixas. O General Garcia Leandro considera igualmente que *"o realismo e a moderação de Sun Tzu constituem um contraste com a tendência de Clausewitz para dar ênfase ao ideal lógico e ao "absoluto" que as suas lições vulgarizaram no desenvolvimento da teoria e da prática da "guerra total", para além de todos os limites do senso."*[27]

O pensamento de Sun Tzu foi durante o século XX, apropriado e reinterpretado por Lenin, Trotsky, Mao Zedong, também objecto do nosso estudo e Guevara, e colocado ao serviço da expansão do comunismo através da guerra subversiva.

O General Garcia Leandro refere ainda a clara empatia de Lidell Hart, conhecido historiador e estratega inglês, que tem influenciado largamente o pensamento estratégico ocidental, pelas teorias de Sun Tzu. [28]

Existem similitudes percebidas com Sun Tzu no pensamento estratégico de Maquiavel, embora não houvesse influência directa de Sun Tzu, uma vez que se crê que o seu pensamento só chegou ao

---

Calouste Gulbenkian, 1982, p.p., 250, 251.

[26] Garcia Leandro, "Estratégias de Acção: A Guerra Clássica – A Guerra Limitada – A Guerra Subversiva", *Nação e Defesa*, Lisboa, Instituto da Defesa Nacional, Ano XX, nº73, Jan-Mar, p.p., 27 a 75.

[27] Garcia Leandro, "Estratégias de Acção: A Guerra Clássica – A Guerra Limitada – A Guerra Subversiva", *Nação e Defesa*, Lisboa, Instituto da Defesa Nacional, Ano XX, nº73, Jan-Mar, pp. 27 a 75.

[28] Garcia Leandro, "Estratégias de Acção: A Guerra Clássica – A Guerra Limitada – A Guerra Subversiva", *Nação e Defesa*, Lisboa, Instituto da Defesa Nacional, Ano XX, nº73, Jan-Mar, pp. 27 a 75.

Ocidente com o padre Amiot, em 1772. Maquiavel escreveu que o que ajuda ao inimigo é-nos nocivo, e o que nos ajuda é nocivo para ele, declarando que vence a guerra o que tiver melhor informação e preparar melhor o seu exército. Tal como Sun Tzu e outros pensadores chineses, Maquiavel realça a importância do secretismo e dos mecanismos de recompensa e de castigo, para motivar os soldados, bem como da disciplina no campo de batalha. Maquiavel também defende que é melhor vencer o inimigo pela fome do que pela força.[29] Também na sua obra *O Príncipe*, Maquiavel enumera as virtudes e defeitos dos soberanos, o modo como se deve proceder à governação e indica alguns pressupostos a seguir por parte do soberano em relação ao exército e tropas.[30]

Francisco Abreu, na sua obra *Estratégia-O grande debate, Sun Tzu e Clausewitz*, escreve que os famosos treze capítulos de Sun Tzu consagram para o inimigo uma solução diferente da morte. Não se deve cercar um inimigo sem lhe deixar uma saída por onde escapar, nem pressionar demasiado um adversário sem esperança, pois poderá combater e resistir com as suas últimas forças, levando até a uma escalada e ao prolongamento desnecessário do conflito. Sun Tzu explora a hipótese de se colocarem as nossas forças perante uma situação sem saída, de onde não haja escapatória aparente para as levar a combater com o máximo de empenhamento e força.[31]

Em *A Arte da Guerra*, Sun Tzu considera que a guerra é um assunto de vital importância para o Estado, devendo ser objecto de examinação cuidada.

Para Sun Tzu, toda a guerra deve basear-se no engano, e devem ser usados iscos para atrair o inimigo, simulando desordem, e depois esmagá-lo. Caso o inimigo seja superior, deve-se evitá-lo. Sun Tzu destaca também a importância do segredo em todas as operações militares.[32]

---

[29] Nicolau Maquiavel, *A vida de Castruccio Castracani Da Lucca e outras páginas*, trad. port., 1ª ed., Porto, Porto Editora, 2003, p.p., 67 a 70.
[30] Cfr. Nicolau Maquiavel, *O Príncipe*, trad. port., 8ª ed., Lisboa, Guimarães Editores, 1997.
[31] Francisco Abreu, *Estratégia-O grande debate, Sun Tzu e Clausewitz*, Lisboa, Edições Colibri, 2000, p.p., 55 a 57.
[32] Sun Tzu, *The art of War*, trad. de Lionel Giles, ver http://classics.mit.edu/Tzu/artwar.htm

Sun Tzu critica as guerras que se prolongam no tempo, desgastando homens e material e custando ao Estado uma fortuna em manutenção, defendendo operações rápidas, mas não precipitadas.

Para evitar a sobrecarga da população e poupar recursos, Sun Tzu aconselha a captura dos víveres do inimigo.[33]

Sun Tzu aconselhava o bom tratamento dos soldados capturados, integrando-os nas nossas forças, para aumentar a nossa própria força, bem como a atribuição de recompensas aos soldados, para que estes sentissem a vantagem de derrotar o inimigo.[34]

Para Sun Tzu, na guerra a melhor atitude é tomar um Estado intacto. Arruinando-o diminui-se o seu valor. É preferível na sua óptica capturar o exército inimigo do que destruí-lo. *"Porque obter uma centena de vitórias numa centena de batalhas não é o cúmulo da habilidade. Dominar o inimigo sem o combater, isso sim, é o cúmulo da habilidade."*[35] Sun Tzu destaca então a importância de se atacar a estratégia do inimigo, sendo que o melhor a seguir, é desfazer-lhe as alianças; depois atacar as suas tropas e o pior é atacar cidades.[36]

Sun Tzu refere que *"se as nossas forças são dez vezes superiores às do inimigo, devemos cercá-lo; se são cinco vezes superiores devemos atacá-lo, se são o dobro devemos dividir o nosso exército em duas partes; se são iguais às do inimigo podemos oferecer batalha; se são inferiores, podemos evitar o inimigo e se forem muito inferiores devemos fugir dele."*[37]

A conhecida máxima de Sun Tzu destaca a importância das informações: *"Quem o inimigo conhece e a si mesmo se conhece nunca em cem batalhas estará em risco; quem o inimigo não conhece, e apenas a si mesmo umas vezes vencerá, e outras perderá;*

---

[33] Sun Tzu, *The art of War*, trad. de Lionel Giles, ver http://classics.mit.edu/Tzu/artwar.htm

[34] Sun Tzu, *The art of War*, trad. de Lionel Giles, ver http://classics.mit.edu/Tzu/artwar.htm

[35] Sun Tzu, *A arte da guerra*, trad. port. de Ricardo Iglésias, 4ª ed., Mem Martins, Publicações Europa-América, 2002, p.61.

[36] Sun Tzu, *A arte da guerra*, trad. port. de Ricardo Iglésias, 4ª ed., Mem Martins, Publicações Europa-América, 2002, p.62.

[37] Sun Tzu, *The art of War*, trad. de Lionel Giles, ver http://classics.mit.edu/Tzu/artwar.htm

quem o inimigo não conhece, nem a si mesmo está em risco em qualquer batalha."[38]

Para além dos ensinamentos estratégicos, boa parte de *A Arte da Guerra* é consagrada à táctica. No entender de Sun Tzu, um general deveria em primeiro lugar assegurar uma posição inexpugnável e depois procurar a oportunidade para derrotar o inimigo. Para derrotar o inimigo é importante não cometer erros, cultivando também a moral e aplicando método e disciplina. Durante a batalha há para Sun Tzu dois métodos de ataque, o directo e o indirecto. Durante a batalha, a desordem simulada esconde a perfeita disciplina, o medo simulado esconde a coragem e a fraqueza simulada esconde a força. É importante emboscar o inimigo, usando engodos. Assim, o combatente esperto impõe a sua vontade ao inimigo. Para se ter sucesso, é importante atacar posições desguarnecidas e defender posições inexpugnáveis. O secretismo é muito importante para escondermos as nossas posições e os nossos planos do inimigo. Sun Tzu compara as tácticas militares à água, que no seu curso natural, corre dos sítios altos, precipitando-se para as zonas baixas e que molda o seu curso de acordo com a natureza do terreno por onde passa. Na guerra deve atacar-se o que é fraco e evitar-se o que é forte. As condições da guerra são mutáveis.[39]

Segundo Sun Tzu, cabe ao general a disposição das tropas no terreno, depois de terem sido harmonizadas e integradas.

Ele também expôs a importância do conhecimento do terreno e do uso das suas características a nosso favor.

Para as comunicações, vitais no campo de batalha, Sun Tzu indica gongos, tambores, estandartes e bandeiras e sinais de fogo, pois a palavra tem pouco alcance no campo de batalha.[40]

Sun Tzu aconselha que se evite o ataque quando o inimigo regressa a casa, e a deixar ao inimigo cercado uma via de saída, não acossando o inimigo encurralado.[41]

---

[38] Sun Tzu, *A arte da guerra*, trad. port. de Jorge Pires, 3ª ed., Lisboa, Frenesi, 2003, p.16.
[39] Sun Tzu, *The art of War*, trad. de Lionel Giles, ver http://classics.mit.edu/Tzu/artwar.htm
[40] Sun Tzu, *The art of War*, trad. de Lionel Giles, ver http://classics.mit.edu/Tzu/artwar.htm
[41] Sun Tzu, *A arte da guerra*, trad. port. de Jorge Pires, 3ª ed., Lisboa, Frenesi,

Em relação à actuação dos generais, Sun Tzu avisa que " *há estradas por onde não se deve viajar, exércitos que não se devem atacar, cidades muradas que não se devem assaltar, territórios que não devem ser disputados e ordens do governante que não devem ser obedecidas.*"[42] Em relação a estas contingências, há uma explicação mais detalhada num dos fragmentos encontrados em Shantung.

Sun Tzu dedica dois capítulos ao estudo do terreno e suas variáveis, daí que alguns autores o considerem como um precursor da geopolítica.

Sun Tzu insiste na necessidade de a guerra ser feita com rapidez e de se atacar locais desguarnecidos, bem como manter o nosso exército sempre em marcha. Sun Tzu faz a curiosa sugestão de que devemos enviar as nossas tropas para posições das quais não haja possibilidade de fuga, para que face à morte, lutem com o máximo das suas forças, pois os soldados em condições desesperadas perdem o sentido do medo.

Um capítulo de *A Arte da Guerra* é dedicado ao ataque através do uso do fogo, que pode ser usado para queimar soldados no seu acampamento, para destruir as provisões, para atacar as colunas de transporte e outros equipamentos, para destruir os arsenais e para ser usado em projécteis incendiários, disparados contra o inimigo.[43] Para este pensador chinês, o uso do fogo e da água aumentam a força de um exército. No entender de Sun Tzu não se deve fazer uma movimentação se não houver vantagem nisso, nem empregar tropas sem a certeza de vencer e deve-se combater apenas se estivermos em perigo.[44]

O último capítulo da obra de Sun Tzu, é dedicado ao uso de espiões, já que é o conhecimento antecipado que permite a vitória do soberano e do general sobre o inimigo. Sun Tzu categoriza os espiões em: nativos, que são naturais do Estado inimigo que nos

---

2003, p.34.

[42] Sun Tzu, *A arte da guerra,* trad. port. de Jorge Pires, 3ª ed., Lisboa, Frenesi, 2003, p.35.

[43] Sun Tzu, *A arte da guerra,* trad. port. de Ricardo Iglésias, 4ª ed., Mem Martins, Publicações Europa-América, 2002, p.117.

[44] Sun Tzu, *A arte da guerra,* trad. port. de Ricardo Iglésias, 4ª ed., Mem Martins, Publicações Europa-América, 2002, p.118.

servem; internos, que são oficiais inimigos ao nosso serviço; duplos, que são espiões inimigos que nos servem; os dispensáveis, que são espiões nossos aos quais fornecemos de propósito informações erradas e vivos, que são os que voltam do território inimigo com informações.[45] Em relação ao uso de espiões deve usar-se do maior secretismo e recompensá-los largamente, podendo assim usá-los para as mais variadas missões, quer se trate de esmagar um exército, atacar uma cidade ou assassinar alguém.[46]

Vemos assim que Sun Tzu explanou em *A Arte da Guerra* os conhecimentos estratégicos e tácticos resultantes da sua vivência, mas também terá consagrado conhecimentos mais antigos, que eram habitualmente usados por grandes generais. O uso dos espiões é matéria a que dá relevância, bem como às características do meio, o que conjugado com a sua tendência para a estratégia de aproximação indirecta e a colocação do uso da força em último lugar dá-nos os pontos cruciais da seu pensamento.

---

[45] Sun Tzu, *A arte da guerra*, trad. port. de Ricardo Iglésias, 4ª ed., Mem Martins, Publicações Europa-América, 2002, p.p., 119 a 121.
[46] Sun Tzu, *The art of War*, trad. de Lionel Giles, ver http://classics.mit.edu/Tzu/artwar.htm

Capítulo IV

Notas biográficas sobre Mao Zedong.

Mao Zedong, muitos vezes conhecido como Mao Tsé-Tung fora da China, nasceu numa família de lavradores remediados, na província de Hunan em 1893. O seu inconformismo com a educação confucionista que recebia, levou-o a abandonar a escola e Hunan em 1916, para ir viver em Pequim, onde trabalhou na biblioteca da Universidade. Em plena vigência da República, relacionou-se com os novos adeptos das ideias reformistas. Casou-se em Pequim em 1920, com uma filha de um professor da Universidade, mais tarde executada pelos partidários de Chiang Kai-shek. Apesar do seu convívio com os intelectuais revolucionários de cidades como Pequim e Xangai, Mao dedicou-se em especial à organização política dos trabalhadores, particularmente dos camponeses.[47] No Verão de 1920, torna-se marxista, após uma iniciação nas doutrinas marxistas, através da leitura da imensa quantidade de obras do género que eram traduzidas para chinês. Fundou o Partido Comunista Chinês, em 1921, em conjunto com outros marxistas, em número muito reduzido, mas, muito em breve viram ascender o número dos seus apoiantes.[48]

Mao, sem nunca perder de vista os camponeses, e em especial os da província de Hunan, dedicou, durante algum tempo, a sua atenção aos trabalhadores urbanos e aos estudantes, mas os fracos resultados obtidos em termos de adesões, por altura do II Congresso do PCC, em 1922, levaram Mao a alterar a sua visão e a aliar-se ao Kuomintang, força política conservadora e nacionalista. Esta aliança circunstancial, por motivo da debilidade do PCC

---

[47] Albertino dos Santos Matias, *China - De Confúcio a Mao Tsé-Tung*, Mem Martins, Publicações Europa-América, 1986, p.101.
[48] Idem.

acabaria por romper-se dado o seu carácter contra-natura, entrando em choque os comunistas e Chiang Kai-shek. Em ambos os partidos, havia tendências de esquerda e de direita, sendo que Mao, representante da ala esquerda do PCC, advogava a acção directa e violenta. Múltiplas conspirações e incidentes, levaram à ruptura definitiva de Mao com o Kuomintang, e criou-se um ambiente propicio à aceitação das suas doutrinas no seio do PCC.[49]

Mao vai iniciar então um período longo de greves e sublevações, cujo insucesso não abateram o seu proselitismo e dos seus seguidores.[50] Até 1931, fizeram-se várias experiências de criação de sovietes, nas vastas zonas rurais chinesas simpatizantes de Mao, sendo que o primeiro dos quais foi o de Tsalin, na fronteira de Hunan. Mao colocava acima de tudo a sua reforma agrária, anseio secular da grande massa da população chinesa. Chiang Kai-shek, apesar das suas tentativas, revelou-se incapaz de desalojar os comunistas das montanhas de Chiangkanshan, onde crescia o número de combatentes com a chegada de elementos perseguidos das cidades e dos campos, quadrilheiros dos senhores da guerra em decadência e desertores do Kuomintang. Dali dirigiu Mao os seus ataques de guerrilha, da qual se tornou, em teoria e prática, mestre incontestado, imitado por guerrilhas comunistas um pouco por todo o mundo. Para além da luta contra o Kuomintang, Mao também dirigiu a luta contra a ocupação japonesa, com bons resultados. Foi durante a invasão japonesa que se acentuou e provou a eficácia da característica principal da sua organização de guerrilha, ou seja, o apoio das massas.[51]

A área territorial e o número dos comunistas crescia sem parar. O governo de Chiang Kai-shek, lançou várias campanhas contra o núcleo comunista no início da década de 1930, mas fracassou. A 7 de Novembro, foi eleito um comité central para a Primeira República Soviética Chinesa, que a 27 desse mesmo mês, elegeu Mao como seu presidente. O Exército Vermelho, notabilizado pelas vitórias alcançadas, além de ver as suas fileiras engrossadas com milhares de aderentes, cresceu em prestígio, tornando-se o

---

[49] Albertino dos Santos Matias, op. cit., p.p.101 a 105.
[50] Albertino dos Santos Matias, op. cit., p.106.
[51] Albertino dos Santos Matias, op. cit., p.107.

instrumento mais poderoso e mais útil do novo regime comunista, feito notável numa sociedade rural tradicionalmente anti-militarista.[52]

Em 15 de Outubro de 1934, acossado por forças de Chiang Kai-shek, que há meses lhe montavam um bloqueio, o núcleo principal do Exército Vermelho, iniciou a Grande Marcha, a célebre retirada que constitui na opinião de alguns um grande feito épico. Só em 22 de Outubro de 1935, um ano após o início e depois de muitas peripécias, terminou Mao a Grande Marcha, ao atingir o Norte da província de Shensi, depois de ter percorrido doze mil quilómetros e perdido mais de cem mil homens. A Grande Marcha, mau grado as perdas sofridas, deu um espírito de unidade e de alto merecimento ao Exército Vermelho de Mao. A Grande Marcha constituiu *"a maior empresa armada de propaganda da história"*, segundo E. Snow, pois o Exército Vermelho atravessou uma vastíssima área, povoada por mais de duzentos milhões de habitantes e, obedecendo a uma rigorosa disciplina e a um estrito código de conduta no seu comportamento para com os civis, deu um exemplo de um alto valor moral às populações. [53]

Mao encontra em Shensi, que estava mergulhada em profunda miséria, as condições ideais para a colectivização e para levar a cabo as reformas comunistas que tinha em mente, ao mesmo tempo que procurava aproximar-se do Kuomintang, para estabelecer uma frente comum anti-japonesa.[54] Os japoneses tinham ordens para matar, queimar e destruir tudo de modo a enfraquecerem as bases logísticas comunistas.[55] Os incidentes da Ponte de Marco Polo em 1937, permitiram obter um acordo final, que contudo não era sincero e não passava de um entendimento militar. Logo em 1938, começaram a aparecer brechas no acordo, rompido pelo incidente do Anhwei do Sul, em que forças nacionalistas atacaram uma fracção do Exército Vermelho. Nos anos seguintes, Chiang Kai-shek viu diminuir significativamente o seu prestígio e o seu poder na frente interna, com a retirada do seu governo para Chungking, com o avanço dos japoneses e com o preenchimento dos espaços vagos

---

[52] Albertino dos Santos Matias, op. cit., p.109.
[53] Albertino dos Santos Matias, op.cit., p.p., 112 a 114.
[54] Albertino dos Santos Matias, op.cit., p. 115.
[55] Ana Maria Amaro, *O Mundo Chinês - Um longo diálogo entre culturas*, Vol. I, Lisboa, ISCSP, 1998, p.320.

pelos comunistas. Mao, que manteve o seu prestígio intacto entre os camponeses, passou a comandar o vasto território chinês e a obter nele crescente e definitiva autoridade política. O Exército Vermelho via os seus efectivos aumentarem exponencialmente, atingindo em 1945 um milhão de soldados, para além de dois milhões de milicianos.[56] Apesar de um acordo preparatório de cessar-fogo entre nacionalistas e comunistas, conseguido sob pressão de Washington e do general Marshall, seu enviado, assinado em 10 de Janeiro de 1946, não pararam os incidentes entre as duas facções. Apesar de o governo de Chiang Kai-shek ser o único reconhecido pelos Aliados, incluindo a URSS, ambas as facções se julgavam com direito aos territórios abandonados pelo Japão após a sua rendição, bem como ao material bélico deixado pelos japoneses, muito embora os comunistas de Mao se encontrassem em melhor posição geográfica para levarem por diante a ocupação do território que fora até Agosto de 1945 controlado pelos japoneses. A verdadeira guerra civil iniciou-se em Julho de 1946, tendo os mediadores americanos verificado a impossibilidade de uma conciliação. Quase unanimemente previa-se a vitória de Mao, que após alguns reveses iniciais, toma a iniciativa em Julho de 1947, atravessando os comunistas o rio Amarelo. Em Abril de 1948, retomaram o seu quartel-general, a cidade de Yenan, em Novembro já tinham ocupado todo o Nordeste da China, tendo em seu poder em Janeiro de 1949 um milhão de prisioneiros. Chiang Kai-shek enviou aos comunistas propostas de estabelecimento de paz em 1 de Janeiro, mas isso não impediu a ocupação de Pequim por Mao em 31 de Janeiro, atravessando depois o Yang-Tsé, tomando Nanquim em Abril seguinte e depois Xangai, Cantão, Hankow, Chunking. Até ao fim desse ano, Mao trouxe para o seu domínio todo o continente chinês.

No dia 1 de Outubro de 1949 foi solenemente proclamada a República Popular da China, com Mao Zedong como presidente.[57]

Chiang Kai-shek, refugia-se com muitos dos seus adeptos em Taiwan, e foi uma delegação da República da China que ocupou até 1971 um lugar nas Nações Unidas.[58]

---

[56] Albertino dos santos Matias, op. cit., p.p. 116, 117.
[57] Albertino dos Santos Matias, op. cit., p.p., 118,119.

O estado da China era deplorável e Mao vai, durante a década de 1950 iniciar profundas reformas económicas, culturais e agrárias, algumas das quais se revelaram desastrosas e custaram a vida a milhões de chineses, como foi o caso do chamado *Salto para a Frente*, que teve repercussões no interior do próprio PCC e acelerou o processo da crise sino-soviética. Mao, à cabeça do PCC controlava com mão de ferro a China, sendo que qualquer dissidência era severamente punida. Com o avançar dos anos, aumentou o autoritarismo de Mao, que se tornava cada vez mais *um tigre de papel* e tinha de delegar tarefas nos seus seguidores mais próximos. A decadência física de Mao, levou a uma perda de influência e o seu culto foi de certo modo atenuado com o regresso aos clássicos dos grandes mestres do marxismo-leninismo.

A saúde de Mao foi piorando, sendo que em 27 de Maio de 1976 apareceu em público pela última vez, vindo a falecer em 9 de Setembro, deixando marcas profundas na China e no seu povo, que perduram até hoje.[59]

---

[58] Ana Maria Amaro, op. cit., p.p., 320,321.
[59] Ana Maria Amaro, op. cit., p.p., 321 a 326.

Capítulo V

O pensamento estratégico de Mao Zedong.

Mao pôs em prática as suas concepções estratégicas na sua prolongada luta pelo domínio da China, contra o governo nacionalista do Kuomintang e na luta contra os japoneses, sendo o principal orientador do Exército Vermelho e da Guarda Vermelha, de carácter para-militar.

Tal como Sun Tzu, também Mao Zedong foi contemplado no capítulo referente aos princípios da guerra da obra *Incursões no domínio da estratégia* do General Loureiro dos Santos. Aqui ficam algumas das máximas de Mao Zedong que o General Loureiro dos Santos considerou mais pertinentes. *"Todos os princípios que comandam a acção militar derivam de um só princípio fundamental: fazer os maiores esforços para conservar as próprias forças e destruir as do inimigo. (...) As leis de condução duma guerra variam em função das condições da guerra, do tempo, do lugar e da natureza da guerra. (...) A bomba atómica é um tigre de papel de que os reaccionários americanos se servem para meter medo às pessoas. Ela tem uma aparência terrível, mas de facto não o é. É bem certo que a bomba atómica é uma arma que pode provocar imensos massacres, mas é o povo que decide o resultado da guerra, e não uma ou duas armas novas. (...)*[60]

Mao Tse Tung defendia a concentração de forças do Exército Vermelho, para se poder efectuar golpes contra o inimigo, e evitar que este, superior em número esmagasse as unidades individualmente. A construção de bases em regiões montanhosas, aproveitando o relevo favorável, também foi levada a cabo durante as suas campanhas contra o Kuomintang. Mao destacava a

---

[60] Loureiro dos Santos, *Incursões no domínio da estratégia*, Lisboa, Fundação Calouste Gulbenkian, 1982, p.p., 252, 253.

importância das massas populares para o sucesso da guerrilha do Exército Vermelho, bem como a posse de recursos económicos e de víveres em quantidade suficiente.[61]

Mao realizou junto dos soldados do exército Vermelho um grande trabalho de propaganda, tornando-os extraordinariamente fiéis e motivados, interagindo com as populações. De forma a treinar as grandes massas de recrutas operários e camponeses, evitavam-se as batalhas, de modo a poder fazer-se a instrução dos soldados, a que Mao dava grande importância, misturando a ciência militar com doutrinação política.[62]

Os soldados inimigos capturados eram integrados no Exército Vermelho assim que chegavam e muitos colocados à cabeça de pelotões e companhias, sendo tratados os feridos capturados. Os que não queriam ficar recebiam dinheiro para a viagem. Isto era uma grande arma de propaganda que conquistava o povo e os soldados inimigos, que muitas vezes desertavam. Mao aboliu as formalidades e cerimónias para criar um ambiente mais coeso e familiar entre os soldados.

Para além do Exército Vermelho, existia a Guarda Vermelha, de âmbito regional e que não possuía armas automáticas, sendo orientada para a dispersão, ao contrário do Exército Vermelho, e forças de insurreição popular, muito dispersas e parcamente armadas.[63]

O Exército Vermelho não se limitava às acções militares, sendo muito útil em tarefas administrativas, de propaganda, e de organização. Para além da guerrilha, também efectuava operações regulares de conquista. Para além da estratégia militar, Mao, que admitiu a incapacidade da acção de guerrilhas por si só para apressar a revolução, definiu estratégias económicas e políticas que tiveram grande impacto na China rural, onde a grande massa dos camponeses vivia em extrema pobreza e foi seduzida pelo comunismo. De modo similar, a acção militar era influenciada não só por factores materiais, mas também por factores imateriais.

---

[61] Philippe Devillers, *Mao Tsé Tung*, Círculo de Leitores, Lisboa, 1976, p.65.
[62] Philippe Devillers, op. cit., p.67.
[63] Philippe Devillers, op. cit., p.69.

O líder comunista era grande adepto da guerra de guerrilhas, subversiva, defendendo a dispersão de forças para levantar as massas e a concentração para fazer face ao inimigo. Mao em 1928, elabora uma máxima que prevalecerá: *"o inimigo avança, recuamos; o inimigo pára, provocamo-lo; o inimigo descansa, atacamo-lo; o inimigo retira, perseguimo-lo."*[64]

Mao dava grande importância à estratégia e ao facto do comandante dever ter uma visão global da situação militar, bem como à necessidade de se conhecer a fundo a ciência militar e as acções e intenções do inimigo. Para Mao, um bom chefe, modesto e aberto à aprendizagem, deverá estar bem informado acerca das suas forças e das forças inimigas, bem como das condições políticas, económicas, geográficas e climatéricas, e efectuar uma correcta disposição das tropas, sabendo adaptar o seu plano consoante as realidades tácticas da batalha. Para Mao, a guerra aprendia-se a fazer, fazendo-a.[65] A vigilância permanente e a preparação eram condições indispensáveis para uma força não se tornar passiva e moralmente desarmada.[66]

Concebendo a guerra como forma suprema de luta entre Nações, entre Estados, entre classes ou grupos políticos, Mao indica, citando Sun Tzu a necessidade imperiosa de um militar se conhecer a si próprio, bem como ao adversário. Mao encarava a guerra como um instrumento político, dividindo-as historicamente entre justas e injustas.[67] Ele consagra na sua obra *Problemas Estratégicos da Guerra Revolucionária na China e da Guerra de Guerrilhas contra o Japão* a necessidade premente de estabelecer todas as alianças possíveis para desequilibrar a balança a favor dos comunistas, implantar forte disciplina política e militar no seio do Exército Vermelho, de desenvolver uma guerra de movimentos e de

---

[64] Philippe Devillers, op. cit., p. 75.
[65] Mao Tse Tung, *Problemas Estratégicos da Guerra Revolucionária na China e da Guerra de Guerrilhas contra o Japão*, Lisboa, Edições do Povo, 1976, p.p., 14 a 22.
[66] Mao Tse Tung, *Quotations from Chairman Mao Tse Tung*, 1ª ed., Pequim, Foreign Languages Press, 1966, p. 69.
[67] Mao Tse Tung, *Quotations from Chairman Mao Tse Tung*, 1ª ed., Pequim, Foreign Languages Press, 1966, p.p. 58, 59.

desencadear operações militares que não visem apenas derrotar o inimigo, mas sim aniquilá-lo.[68]

Mao considerava que o Exército Vermelho tinha estado sujeito a campanhas de cerco e aniquilamento e que as contra-campanhas do mesmo, através de uma multiplicidade de combates, de ofensivas e defensivas, bem como de retiradas estratégicas, conceito caro a Mao, e que seriam prolongamentos da defensiva estratégica, constituíam a superioridade do Exército Vermelho, mais imune e maleável face ao atrito de guerra, pela disciplina e coesão política das suas forças, e gozando de maior cobertura popular no meio rural. Ao contrário de muitos dirigentes comunistas chineses, Mao entendia que a guerra revolucionária, não podia ser, pela força das circunstâncias, puramente ofensiva, tendo de conhecer igualmente a defensiva e a retirada. Contudo entendia Mao que a partir do momento em que o Exército Vermelho fosse mais forte do que o inimigo, seria aquele a deter a iniciativa estratégica e a desenvolver as campanhas de cerco e aniquilamento.

Como já vimos no início deste capítulo, Mao considera como base dos princípios militares o princípio da conservação das próprias forças e destruição das forças do inimigo, aplicando-se quer na táctica, quer na estratégia.[69]

A defensiva estratégica era, para Mao, o cerne das operações contra o Kuomintang, pela preservação de forças que podia assegurar, aguardando o momento mais propício para atacar. As acções de surpresa, dada a sua inferioridade numérica inicial eram a especialidade do Exército Vermelho, que privilegiava a guerra de posições quer estivesse na defensiva ou na ofensiva, para se adaptar aos posicionamentos mais vantajosos. A natureza de guerrilhas do Exército Vermelho, dotando-o de um carácter irregular, dada a ausência de centralização, de unidade e de disciplina, mas também móvel, levava-os a constantes retiradas, para evitar inimigos mais fortes e preservar as suas forças. Mao enumera as circunstâncias em que uma força militar deve estar pronta a retirar-se: quando o

---

[68] Mao Tse Tung, *Problemas Estratégicos da Guerra Revolucionária na China e da Guerra de Guerrilhas contra o Japão*, Lisboa, Edições do Povo, 1976, p.p., 23 a 27.
[69] Mao Tse-Tung, *Problemas Estratégicos da Guerra Revolucionária na China e da Guerra de Guerrilhas contra o Japão*, Lisboa, Edições do Povo, 1976, p. 121.

adversário dispõe de forças superiores; quando as forças do adversário, apesar de pouco importantes, estão muito próximas de unidades vizinhas; quando o inimigo não está isolado e ocupa posições muito sólidas e quando o resultado de um combate for incerto.[70] Para Mao, o objectivo último das batalhas, das campanhas e da guerra é o aniquilamento do adversário, absorvendo os seus remanescentes, sendo que a guerra de aniquilamento implica a concentração de forças superiores e a adopção da táctica dos cercos e dos movimentos torneantes, e a existência de apoio popular, terreno favorável, e surpresa. Segundo Mao, não faz sentido derrotar apenas o inimigo ou permitir a sua fuga, tendo este afirmado que *"numa peleja, mais vale arrancar um dedo ao adversário do que ferir-lhe dez; na guerra, mais vale aniquilar uma divisão do adversário do que derrotar-lhe dez."*[71] O aniquilamento poderia consistir no desarmamento do inimigo ou na privação da seu poder de resistência, mas não era geralmente o caso.[72]

Mao estabeleceu outra curiosa máxima segundo a qual, em termos estratégicos devemos desprezar todos os nossos inimigos, mas em termos tácticos devemos levá-los a todos a sério. Na guerra as batalhas só podem ser travadas uma a uma e as forças inimigas só podem ser destruídas uma a uma.[73]

A verdadeira força estratégica e único bastião eram as massas, milhões de indivíduos que apoiavam as forças comunistas do Exército Vermelho.

Segundo Mao, o Exército Vermelho estava ao serviço do Partido Comunista Chinês, que o comandava e do povo chinês, sendo o controlo exercido pela estrutura política.[74]

Para terminarmos esta breve análise do pensamento estratégico de Zedong, iremos ver alguns dos princípios operacionais

---

[70] Mao Tse-Tung, *Problemas Estratégicos da Guerra Revolucionária na China e da Guerra de Guerrilhas contra o Japão*, Lisboa, Edições do Povo, 1976, p.97.
[71] Mao Tse-Tung, *Problemas Estratégicos da Guerra Revolucionária na China e da Guerra de Guerrilhas contra o Japão*, Lisboa, Edições do Povo, 1976, p.107.
[72] Mao Tse-Tung, *Quotations from Chairman Mao Tse Tung*, 1ª ed., Pequim, Foreign Languages Press, 1966, p. 91.
[73] Mao Tse-Tung, *Quotations from Chairman Mao Tse Tung*, 1ª ed., Pequim, Foreign Languages Press, 1966, p.p., 79, 80.
[74] Mao Tse-Tung, *Quotations from Chairman Mao Tse Tung*, 1ª ed., Pequim, Foreign Languages Press, 1966, p.p., 99 a 102.

por ele estabelecidos para o Exército Vermelho. As forças inimigas isoladas e dispersas deveriam ser atacadas primeiro; as zonas rurais e as pequenas e médias cidades deviam ser conquistadas primeiro; o objectivo principal deveria ser o aniquilamento da força do inimigo, e não o controlo ou posse de um local ou cidade; durante as batalhas deveria concentrar-se uma força muito superior à do inimigo, cercá-lo e procurar aniquilá-lo completamente, não deixando escapar nenhum da rede; nenhuma batalha deveria ser travada sem preparação, nem sem a certeza de vitória; deveria privilegiar-se a luta contínua, acossando o inimigo a curtos intervalos; o inimigo deveria ser aniquilado em movimento, tomando-se atenção às suas tácticas; em relação às cidades, deveriam tomar-se primeiro as mais fracas, e depois as mais fortes; a força do Exército Vermelho deveria ser reforçada com todas as armas e a maioria do pessoal capturado ao inimigo e nos intervalos entre campanhas, desejavelmente pequenos, deveria aproveitar-se para descanso, consolidação e treino das tropas.[75]

---

[75] Mao Tse-Tung, *Quotations from Chairman Mao Tse Tung*, 1ª ed., Pequim, Foreign Languages Press, 1966, p.p., 95 a 98.

Capítulo VI

O impacto de Sun Tzu em Mao Zedong.

Iniciamos agora a análise da influência do pensamento de Sun Tzu no de Mao Zedong, não havendo muitos pontos divergentes entre as teorias destes dois estrategas chineses. Ficámos com a profunda certeza de que Mao Zedong analisou cuidadosamente *A Arte da Guerra* de Sun Tzu, mas é muito provável que tenha igualmente estudado outros pensadores clássicos chineses, talvez Wu Ch'i e T'ai Kung, já que Mao detestava Confúcio e outros pensadores de escolas semelhantes.

Tal como Sun Tzu, Mao Zedong era partidário do uso de engodos na guerra. Mas, ao contrário de Sun Tzu, Mao acreditava nas virtudes de uma guerra prolongada, que iria infligir um desgaste gradual sobre as forças inimigas, desde que se pudesse preservar do desgaste as próprias tropas, através das retiradas estratégicas, contempladas também por Sun Tzu.

Mao acreditava que era benéfico apropriar-se dos víveres e equipamento do inimigo, não sobrecarregando as populações com este esforço de guerra adicional, tal como Sun Tzu advogava em *A Arte da Guerra*. O uso dos soldados capturados como reforços, que Mao aplicou no Exército Vermelho, também Sun Tzu o defendia, para aumentar as forças armadas. Como vemos até aqui, são muito mais os pontos convergentes do que os pontos divergentes.

Sun Tzu, desaprovava a realização do confronto sem termos certeza da vitória das nossas forças, e a máxima principal de Mao *"o inimigo avança recuamos; o inimigo pára, provocamo-lo; o inimigo descansa, atacamo-lo; o inimigo retira, perseguimo-lo"*[76], encontra eco na formulação estratégica de Sun Tzu.

Contudo, ao contrário de Sun Tzu, Mao, embora fazendo uso de estratégias políticas, económicas e psicológicas, privilegia a acção directa, militar, para como afirmava, se aniquilar o inimigo. É este o ponto fulcral de dissonância entre Mao Zedong e Sun Tzu. E, ao

---

[76] Philippe Devillers, op. cit., p. 75.

34

contrário de Sun Tzu, que se manifestou contra o cerco completo de um inimigo, ou o ataque a um inimigo desesperado, pois o inimigo ameaçado de morte poderia lutar desesperadamente, Mao defendia o cerco total do adversário, impedindo-lhe qualquer retirada e depois com tropas em número muito superior, na linha de pensamento de Sun Tzu, efectuar uma manobra de aniquilamento até cessar toda a resistência por parte do adversário. Mao compreendeu bem os ensinamentos de Sun Tzu, que estabelecem que se deve evitar as cidades, especialmente as fortificadas, e procurou o confronto no campo, onde podia efectuar de modo mais vantajoso a guerra de movimentos.

A ênfase que Mao colocava na importância do auto-conhecimento e no conhecimento do adversário só pode vir, em nossa opinião, da aplicação de ensinamentos que constam de *A Arte da Guerra*. Com efeito, Mao colocou em prática muitas das teorias de Sun Tzu, que ao que parece, também as terá usado no terreno enquanto general.

Em relação à disciplina e à moral, Mao procurou cultivá-las no seio do Exército Vermelho, seguindo o caminho do sucesso prescrito por Sun Tzu e estabelecendo laços de identificação fortes entre a população e os militares.

Para Sun Tzu, deveria evitar-se na guerra o que é forte e atacar o que é fraco, saltando aqui à vista, mais uma vez, a profunda influência de Sun Tzu sobre Mao. A variação das condições da guerra e a necessidade de adaptação, também constitui um ponto de contacto entre os dois estrategas.

A subordinação do militar ao político, e o papel do general na ordenação e disposição táctica das tropas, é decalcada de Sun Tzu. É espantoso que um pensador nascido no século V a.C. tenha tido uma influência tão grande sobre outro, nascido no século XX e que ainda hoje, no século XXI, Sun Tzu continue a ser tão estudado e comentado em todo o mundo. A China clássica produziu uma série de pensadores militares em paralelo com a Europa, sendo que só muito depois estas duas correntes tomam contacto uma com a outra.

Mao, que advogava a divisão das terras conquistadas pelos seus soldados, poderá ter ido buscar esta ideia a Sun Tzu que já a enumerava em *A Arte da Guerra*. A guerra de movimento, tão cara a Mao, poderá ter sido também inspirada por Sun Tzu.

Podemos assim afirmar que, o pensamento estratégico pioneiro de Sun Tzu, foi actualizado por Mao, para aplicação à realidade chinesa da primeira metade do século XX e com resultados favoráveis a Mao, que venceu os japoneses e conseguiu derrotar o Kuomintang, controlando toda a China continental. Da China, o pensamento de Sun Tzu, refrescado por Mao, estendeu-se aos movimentos comunistas de guerrilha, e em especial aos de inspiração maoísta.

Conclusão

Do exposto neste opúsculo esperamos ter atingido os objectivos a que nos propusemos na introdução.

Reconhecemos que um estudo mais aprofundado desta questão, que é sem dúvida pertinente dada a riqueza do pensamento estratégico destes dois pensadores, seria desejável, mas deixamos sem dúvida uma porta aberta para o aprofundar desta temática no futuro, reconhecendo o seu fascínio e a sua importância.

De qualquer modo, julgamos que o presente livro, apesar de pequeno, permite dar a conhecer o essencial do pensamento estratégico de Sun Tzu e de Mao Zedong, indicando igualmente autores e bibliografia que podem servir para aprofundar o conhecimento do tema e dos pensadores em causa.

Gostaríamos de fazer uma menção aos outros pensadores estratégicos chineses, que também são merecedores de estudo.

Bibliografia

ABREU, Francisco, *Estratégia-O grande debate, Sun Tzu e Clausewitz*, Edições Colibri, Lisboa, 2000.

AMARO, Ana Maria, *O Mundo Chinês - Um longo diálogo entre culturas*, Vol. I, ISCSP, Lisboa, 1998.

CONFÚCIO, *The Great Learning*, ver http://classics.mit.edu/Confucius/

CONFÚCIO, *The Doctrine of the Mean*, ver http://classics.mit.edu/Confucius/

CORREIA, Pedro de Pezarat, *Manual de Geopolítica e Geoestratégia-vol.I Conceitos, Teorias e Doutrinas*, Quarteto Editora, Coimbra, 2002.

DEVILLERS, Philippe, *Mao Tsé Tung*, Círculo de Leitores, Lisboa, 1976.

KUNG, T'ai, *Os seis ensinamentos secretos*, trad.port., 1ª ed., Edições Sílabo, Lisboa, 2003.

LEANDRO, Garcia, "Estratégias de Acção: A Guerra Clássica – A Guerra Limitada – A Guerra Subversiva", *Nação e Defesa*, Lisboa, Instituto da Defesa Nacional, Ano XX, n°73, Jan-Mar, pp. 27-75.

MAQUIAVEL, Nicolau, *A vida de Castruccio Castracani Da Lucca e outras páginas*, trad. port., 1ª ed., Porto Editora, 2003.

MAQUIAVEL, Nicolau, *O Príncipe*, trad. port., 8ª ed., Guimarães Editores, Lisboa, 1997.

MATIAS, Albertino dos Santos, *China - De Confúcio a Mao Tsé-Tung*, Publicações Europa-América, Mem Martins, 1986.

SANTOS, Loureiro dos, *Incursões no domínio da estratégia*, Fundação Calouste Gulbenkian, Lisboa, 1982

TZÉ, Lao, *The Tao Te Ching*, trad. de Stan Rosenthal, Ver http://www.human.toyogakuen-u.ac.jp/~acmuller/contao/laotzu.htm

TSE-TUNG, Mao, *Quotations from Chairman Mao Tse-Tung*, 1ª ed., Foreign Languages Press, Pequim, 1966

TSE-TUNG, Mao, *Problemas Estratégicos da Guerra Revolucionária na China e da Guerra de Guerrilhas contra o Japão*, Edições do Povo, Lisboa, 1976

TZU, Sun, *A arte da guerra*, trad. port. de Ricardo Iglésias, 4ª ed., Publicações Europa-América, Mem Martins, 2002

TZU, Sun, *A arte da guerra,* trad. port. de Jorge Pires, 3ª ed., Frenesi, Lisboa, 2003

TZU, Sun, *The art of War*, trad. de Lionel Giles, ver http://classics.mit.edu

Índice

www.ingramcontent.com/pod-product-compliance
Lightning Source LLC
Chambersburg PA
CBHW050351290526
45785CB00006B/2719